Anselm Grün

Gehalten in Zeiten der Trauer

FÜR TRAUERNDE

HERDER

FREIBURG · BASEL · WIEN

Abschied tut weh

Von den Toten sagen wir,
dass sie verschieden sind.
Die Verschiedenen verabschieden
sich von uns. Wir müssen Abschied
von ihnen nehmen. Der Abschied
scheint endgültig zu sein.
Kein Wiedersehen.
Kein Hören ihrer ureigenen Stimme.
Kein Umarmen mehr.
Der Abschied schneidet
uns auseinander.
Er spaltet unser Herz.
Und doch kommen wir nicht
um den Abschied herum.
Es hilft nicht, den Abschied
zu verdrängen.
Nur wer Abschied nimmt,
kann neu anfangen.

Allein

Der Abschied lässt mich alleine zurück. Ich fühle mich einsam. Keiner versteht mich. Keiner geht mit mir in meiner Trauer. Die Bekannten machen einen Bogen um mich. Sie meiden mich. Sie wissen nicht, was sie mit mir reden sollen. Ich will meine Trauer teilen. Aber es ist keiner da, der sie sich anhört.

Sie wollen den Todesfall möglichst schnell hinter sich bringen. Sie wollen sich nicht verunsichern lassen. So bin ich allein mit mir. Ich leide an meiner Einsamkeit. Doch ich hoffe, dass die Einsamkeit mich eins werden lässt mit mir und mit der Verstorbenen, dass in der Einsamkeit eine neue Nähe entsteht, dass ich mir nahe bin, dass die Verstorbene mir nahe ist, dass in ihr Gott mir nahe kommt.

Zur Trauer stehen

Trauen Sie sich, zu Ihrer Trauer zu stehen. Trauen Sie sich, sich mit Ihrer Trauer Ihrer Umgebung zuzumuten. Sagen Sie, wie es Ihnen geht. Sagen Sie, welche Wünsche Sie an Ihre Freunde und Freundinnen haben. Erzählen Sie Ihren Bekannten von dem geliebten Menschen, den Sie verloren haben. Wenn Ihre Bekannten nicht wissen, wie sie reagieren sollen, wenn sie Oberflächliches daherreden, nehmen Sie es nicht persönlich. Es ist nur Ihre Hilflosigkeit. Aber erzählen Sie trotzdem weiter. Es tut Ihren Bekannten gut, sich Ihrer Trauer zu stellen, sich mit dem eigenen Tod zu befassen, sich der eigenen Wahrheit zu stellen. Vielleicht wächst im Erzählen das Verstehen. Vielleicht entsteht so eine neue Beziehung, eine Beziehung, in der Sie so sein dürfen, wie Sie sind.

Jeder Schritt kostet Kraft

Das deutsche Wort Trauer heißt eigentlich fallen, kraftlos werden, den Kopf sinken lassen. Wer trauert, fühlt keinen Boden mehr unter den Füßen. Er hat keine Kraft mehr. Er lässt den Kopf hängen. Die Trauernde glaubt, nie mehr so leben zu können, wie es einmal war. Alles hat sich verdunkelt. Sie hat keinen Geschmack mehr am Leben. Jeder Schritt kostet so viel Kraft. Morgens kommt man kaum aus dem Bett.

Es ist eine Qual aufzustehen. Wohin denn aufstehen? In die Trauer, in die Einsamkeit, in die Sinnlosigkeit? Gedanken schießen durch den Kopf: Kann ich den Tag heute durchstehen? Was soll ich denn machen? An wen kann ich mich wenden? Hilft das Beten? Oder ist mir auch das Beten abhanden gekommen? Wer steht mir bei in meiner Trauer? Wer hält mich in meiner abgrundtiefen Trauer?

Trost finden

Wer trauert erwartet Trost, keinen billigen Trost, der nur vertröstet, sondern einen Trost, der aufrichtet, der Halt verleiht, Festigkeit schenkt. Der Tröster heißt auf Lateinisch „consolator“, derjenige, der mit den Einsamen ist, der Mut hat, in seine Einsamkeit zu gehen. Am Kreuz betet Jesus mit dem Psalmisten: „Ich halte Ausschau nach einem, der mit mir fühlt, nach einem, der tröstet – und finde keinen.“ Jesus ist allein geblieben in seinem Leid. Keiner kam zu ihm, um ihn zu trösten. Doch er ist in ihre Trauer hineingegangen. Er hat sich nicht still fortgestohlen. Er ist mit Ihnen. Trauen Sie diesem Tröster! Schauen Sie auf ihn in seiner Einsamkeit am Kreuz. Am Kreuz hängend ist er bei Ihnen. Er versteht Sie. Halten sie ihm ihr zerbrochenes Herz hin! Er hält es in seinen zärtlichen Händen. Darin kann es wieder heilen und ganz werden.

Sich erinnern

Ich weiß nicht, wen Sie verloren haben, Ihren geliebten Mann, Ihre geliebte Frau, einen Freund, ein Kind, Ihren Vater, Ihre Mutter. Bei jedem Verlust ist der Schmerz anders. Aber immer zerreißt er das Herz. Was kann Ihnen helfen in Ihrem Schmerz? Der erste Schritt, den Schmerz zu verwandeln, ist die Erinnerung. Erinnern Sie sich an alles, was im Leben des Verstorbenen war, was Sie mit ihm

erlebt haben, wie sie ausgesehen hat, was er gesprochen hat, welche gemeinsamen Stunden Sie mit ihr verbracht haben. Erzählen sie, woran Sie sich erinnern. Das Erzählen tut weh, aber es befreit auch. Es entlastet. Es verwandelt. Mitten aus dem Schmerz wächst Freude. Dankbarkeit steigt auf, für das, was Sie gemeinsam erlebt haben.

Zu den Gefühlen stehen

Der zweite Schritt, die Trauer in Leben zu verwandeln, ist das Anschauen der eigenen Gefühle. Es ist nicht nur Schmerz, der den Trauernden erfüllt. Manchmal ist es auch Wut und Zorn: „Der Andere hat mich verlassen, mich allein gelassen. Er ist einfach fortgegangen. Ich wollte doch noch so viel mit ihm sprechen, noch so viel mit ihr unternehmen.“ Manchmal steigt auch Enttäuschung auf: „Der Tote hat mich verletzt und gekränkt. Er hat mich übersehen. Er hat mich klein gemacht. Es war schwer, mit ihm zu leben.“ Lassen Sie alle Gefühle zu, auch die, die Sie sich sonst verbieten. Alle Emotionen haben ihr Recht. Sie dürfen sein. Wenn Sie sich mit Ihren Gefühlen aussöhnen, können Sie sich wandeln. Dann wandelt sich der Schmerz in Liebe, die Wut in Verstehen, die Enttäuschung in Verzeihen.

Loslassen

Der dritte Schritt der Verwandlung
ist das Loslassen.
Lassen Sie die Verstorbene los.
Überlassen Sie sie dem Grab.
Begraben Sie, was war.
Die Tote wird nicht mehr lebendig.
Der Abschied ist endgültig.
Halten Sie nichts fest,
was Sie mit ihr verbindet.
Erst wenn Sie alles begraben haben,
kann Auferstehung geschehen.
Erst wenn Sie die Tote
losgelassen haben,
wird eine neue Beziehung
zu ihr möglich.

Verzeihen können

Loslassen braucht das Verzeihen. Vielleicht gibt es Konflikte, die Sie zu Lebzeiten nicht mehr bereinigen konnten. Vielleicht tauchen jetzt nach dem Tod erst die Verletzungen auf, die der Verstorbene Ihnen angetan hat. Wenn sie um diese Verletzungen kreisen, werden Sie davon bestimmt. Dann hat die Tote noch Macht über Sie. Durch das Verzeihen befreien Sie sich von der Macht des andern.
Aber Verzeihung braucht Zeit.

Vergebung steht am Ende der Wut und nicht am Anfang. Erst wenn Sie die Wut und den Schmerz über die Kränkung zugelassen haben, können Sie den andern verstehen. Er war selbst verletzt. Daher hat er mich so verletzt. Vergeben heißt: den andern sein lassen, ihn in Gottes Hände geben. Wenn Sie den Verstorbenen in Gottes Hand geben, sind Sie nicht mehr in seiner Hand. Gottes gute Hand wird Sie geleiten und Sie in eine neue Freiheit führen.

Eine neue Beziehung

Das Ziel aller Trauer ist eine
neue Beziehung zum Verstorbenen.
Die Beziehung ist anders als früher.
Es ist kein Umarmen, kein Fühlen
der Haut, kein Hören der Stimme,
kein Schauen des Gesichtes.
Und doch ist es eine sehr
intime Beziehung.
Der andere geht mit mir.
Er spricht zu mir in den Träumen.
Er weist mir den Weg.
Sie hält ihre Hand schützend über mich.
Sie fühlt mit mir. Sie inspiriert mich.
Auf einmal fällt mir ein, was ich tun könnte,
worauf ich Lust habe. Auf einmal weiß ich,
was gut für mich ist. Es ist die Verstorbene,
die mich zu neuem Leben treibt,
die mich auf neue Wege führt,
auf Wege in größere Lebendigkeit,
Freiheit und Liebe hinein.

Nähe spüren

Die neue Beziehung will eingeübt werden. Sie können die Wege gehen, die Sie mit dem Verstorbenen gegangen sind. Aber verzichten Sie darauf, dem Vergangenem nachzutrauern. Denken Sie auf dem Weg nach, was der Tote Ihnen für eine Botschaft geben wollte. Was ist sein Vermächtnis an Sie? Was möchte er, dass Sie nun leben? Hören Sie die Musik, die Sie mit der Verstorbenen zusammen gehört haben. Welche Musik hat sie besonders geliebt? Hören Sie sich in die Musik hinein!

Was hat die Tote in dieser Musik gehört?
Was hat sie erahnt und ersehnt?
Wie hört sie jetzt im Himmel diese Musik?
Vielleicht helfen Ihnen solche Gedanken,
die vertraute Musik ganz neu zu hören,
sie so zu hören, wie die Verstorbene sie
jetzt hört. Dann verbindet Sie die Musik auf
neue Weise. Sie werden eins in der Sehnsucht
nach dem, was die Musik verheißt.
Die Verstorbene genießt die Erfüllung ihrer
Sehnsucht bei Gott. In Ihnen wächst die
Sehnsucht nach dem Himmel, zu dem
die Musik für Sie ein Fenster öffnet.

Wiedersehen

Die neue Beziehung zwischen Lebenden und Toten vollendet sich im Wiedersehen. Wenn Sie sterben, werden Sie eins mit all den Toten, die Sie geliebt haben. Sie werden sie wiedersehen. Das ist die tiefste Überzeugung aller Religionen, aller Weisen, aller Suchenden und Zweifelnden. Die Gewissheit des Wiedersehens hat viele gestärkt, sich dem Leben hier und jetzt neu zuzuwenden. Sie hat ihnen geholfen, die Trauer loszulassen und Ausschau zu halten nach dem, was jetzt dran ist.

Trauer braucht Zeit

Lassen Sie sich Zeit, die Schritte aus der Trauer zu gehen. Jeder braucht sein eigenes Maß an Zeit. Es gibt keine Norm, wie lange wir trauern dürfen. Wenn Sie das Ziel vor Augen haben, dann wird sich ihre Trauer wandeln. Aber wundern Sie sich nicht, wenn die Trauer manchmal wieder neu aufbricht. Sie denken, dass Sie sie für immer überwunden haben. Doch bei einem neuen Abschied bricht die alte Trauer wieder auf. Alles, was Sie noch nicht genügend betrauert haben, überfällt Sie mit Macht. Da ist die Trauer über das ungelebte Leben, die Trauer um den verstorbenen Großvater, um die verstorbene Mutter. Wenn die Trauer hochkommt, lassen Sie sie zu. Sie darf sein. Sie will von Neuem angeschaut und durchlebt werden. Vielleicht waren Sie beim Tod Ihrer Mutter oder Ihres Vaters noch nicht so weit, dass Sie sich der Trauer wirklich stellen konnten. Dann ist jetzt der Augenblick, wo die alte Trauer nachgeholt wird. Langsam löst sich dann der Trauerkloß, der Sie jahrelang mit einer diffusen Depressivität erfüllt hat. Sie spüren neues Leben in sich.

Beten kann helfen

Es kann Ihnen eine Hilfe sein, für die Verstorbenen zu beten. Mit Ihrem Gebet begleiten Sie die Toten auf ihrem letzten Weg zu Gott. Sie lassen sie nicht allein. Gebet ist Ihre Weise, Gemeinschaft mit den Verstorbenen zu erfahren. Am Anfang ist Ihr Gebet vielleicht nur Fürbitte. Aber langsam wird es sich wandeln. Aus der Fürbitte wird ein Gebet mit den Verstorbenen. Im Gebet erfahren Sie die Gemeinschaft mit ihnen. Sie sind jetzt bei Gott. Wenn Sie zu Gott beten, erheben Sie Ihr Herz zu dem Gott, bei dem all die Verstorbenen sind, die Sie gekannt und mit denen Sie Ihr Leben geteilt haben. Sie haben einen Teil von Ihnen schon mitgenommen in die Herrlichkeit. Die Erfahrung, die Sie mit Ihnen geteilt haben, sind schon bei Gott. In jedem Gottesdienst können Sie die Gemeinschaft erfahren, die Gott uns mit den Verstorbenen schenkt. Da ist die Grenze zwischen Himmel und Erde, zwischen Leben und Tod, zwischen Lebenden und Toten aufgehoben. Da öffnet sich der Himmel über uns, und wir tun einen Blick in das Geheimnis Gottes, in dem die Verstorbenen für immer geborgen sind, in dem sie für immer daheim sind.

Im Kreuz Verlag sind in gleicher Ausstattung erschienen:

Anselm Grün
Gehalten in Zeiten der Trauer. Für Trauernde
ISBN 978-3-451-61207-7

Jörg Zink
Wege ins Freie. Ein Gruß für Kranke
ISBN 978-3-451-61208-4

www.kreuz-verlag.de
Gesamtgestaltung und Satz: Elena Eichner,
Atelier Georg Lehmacher, Friedberg (Bay.)
Fotografie Einband: © Panthermedia
Fotografien innen: Georg Lehmacher
Herstellung: graspo CZ, Zlín

Gedruckt auf umweltfreundlichem,
chlorfrei gebleichtem Papier

Printed in the Czech Republic

ISBN 978-3-451-61207-7